U0108516

兒童生命教育圖畫書

特別的你
・
特別愛你

4

最美麗的寶貝

一個唐氏綜合症孩子的故事

文：Helena Kraljič　圖：Maja Lubi

新雅文化事業有限公司
www.sunya.com.hk

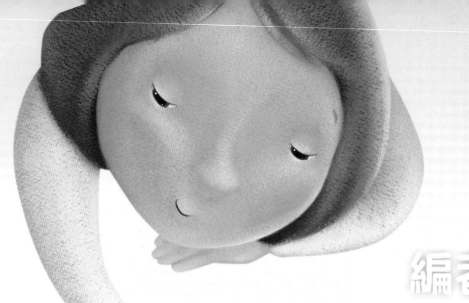

編者的話

我們都知道世界上有着各種各樣的
人，包括不同年齡、不同性別、不同
膚色、不同國籍⋯⋯同時也有着不同性格以及能
力。有些孩子一出生便因為一些狀況，比如兒童常見的哮
喘，又或是讀寫障礙、自閉症和唐氏綜合症等，而有着與別
不同的外表、行為或身體局限。他們在成長路上，可能要面
對比一般人更多更大的挑戰，也因此需要更多的關懷、照顧
和支持。

《特別的你·特別愛你》系列故事的主角均是有着不同特別
需要的孩子。作者以淺白、溫馨而寫實的筆觸寫出主角們在

生活中遇到的不同挑戰，

期望通過這些故事，激發大眾抱

持更理解和開放的態度，接納這羣有

特別需要的孩子，為他們和他們的家人帶來

溫暖的鼓勵和支持。

　　我們每個人都是不一樣的獨特個體，但我們都一樣值得被

尊重和愛護，就讓我們一起創造一個平等共融的社會，一個

更豐富、更美麗的世界。

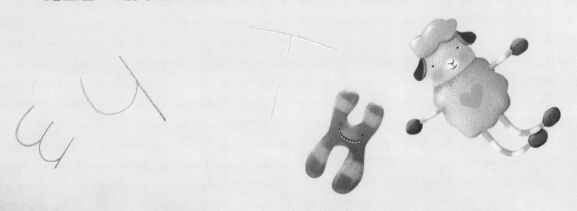

他終於出生了，真是全世界最好看的寶寶。他當然好看，他是我生出來的呢！

　　我沉醉在幸福之中，可是卻很快被醫生的話驚醒了。「你的寶寶患有唐氏綜合症。」醫生說。

　　我驚訝地注視着她，問道：「你這話是什麼意思？」
　　然後回頭望向正在安睡的戴維。

　　「這是一種遺傳疾病，」醫生說，「是由於人體第二十一對染色體多出了一條而導致的情況。唐氏綜合症患者有一些顯著的特徵，包括：扁平的鼻子，細小的嘴巴和耳朵，還有向上傾斜的眼角……」

「我才不在乎呢！」我說，
「難道你看不出來他有多
好嗎？」

醫生此時一定注意到我已經聽不進
她說的話，於是她說：「我們明天再談吧，
待會兒我要帶寶寶去做進一步的檢查。」
我抬頭看着她，問：「檢查？」

醫生點頭回答道:「唐氏綜合症的患者通常會有甲狀腺的問題、先天性心臟病、聽覺障礙……」

她的話在我耳朵裏嗡嗡作響,一個字一個字地刻印在我的腦海裏。淚水瞬間湧出我的眼睛,我心中默默地喊:

「為什麼會是我的孩子呢?」

這時，我感覺到有人正看着我。我抬起頭來，看見戴維的爸爸——我的丈夫基利和女兒貝蒂呆呆地站在門外。

「他全部都聽見了。」我心想。

他的眼睛一點表情也沒有。我對着他微笑，希望在那一刻盡我所能給他一些鼓勵。然而我腦海中不住浮現的念頭卻是：「求求你，一定要愛他！」

他用顫抖的聲音問道：「我們現在該怎麼辦？」

這時貝蒂率先跑到戴維的小牀旁，他正在熟睡。她輕輕拍他的小手，又摸摸他的臉。

「哦！他好可愛啊！」貝蒂輕聲地說。

我呼了一口氣，開始相信我們一家可以一起面對這件事。

醫生說，我們的寶寶必須接受兩次手術。

我們為他感到害怕，也每分每秒更加愛他。

日子一天天地過去，

戴維長成一個心地善良和坦率的孩子。

他喜歡笑。

他喜歡畫畫。

他喜歡唱歌。

他喜歡看卡通片。

就像其他同年的小孩一樣，他在許多的跌跌撞撞中日漸成長。

在我眼裏，他依然是全世界最好看的孩子。

雖然有些方面，他與同年的小孩並不一樣：

他口齒不清；

他畫畫和填色沒有他們的好看；

他無法明白所有指示……

但他還是懂得做很多事情，比如：

他懂得自己穿衣服；

他懂得做早餐；

他懂得綁鞋帶；

而且他還懂得逗我們笑到眼淚都掉出來。

戴維上完了**幼稚園**，接着又上了**小學**……
同學們都很喜歡他，也經常幫助他。

一天，老師對戴維說：「戴維，今天我們要學寫大楷字母，你可以畫一會兒畫。」

戴維抬頭看着老師：「但我也想學寫大楷字母啊。」

「**你太慢了**，我不能改變課程來遷就你。」老師無奈地說。

「我會很努力、很努力地嘗試跟着做。」戴維低聲説道。

課堂繼續進行，戴維沒有畫畫，也沒有塗顏色，他專心地聽着老師講課。

下課回家後，他對我說：
「媽媽，我想學寫大楷字母，
　　　你可以教我嗎？」

「當然可以，戴維。我們現在就開始吧！」
我愉快地說。

戴維做到了！

他學會寫大楷字母。

他學會認字。

他學會數數。

19

他完成了**一年級**，接着又完成了**二年級**……

「他太慢了。」三年級的老師向我解釋説，「他跟不上其他同學的進度，需要很多額外的幫助。」

不久，他們提出一個建議：「為了戴維着想……我們必須幫他轉到一所特別的學校，一所提供特殊教育的學校。」

「這樣他會比較容易跟得上。」

「他可以跟同類的孩子在一起。」

老師説着一些讓我相信戴維在另一所學校會比較好的話……這樣的話我們至今仍然會聽見。

無可否認，我們是
不一樣的家庭。我們要
面對許多挑戰，度過許
多無眠的夜晚，承受許
多不友善的目光和讓
人沮喪的話語。

「為什麼我要有這樣的一個弟弟？我們一到商店去，每個人都盯着我們看。」貝蒂有時會這樣抱怨，即使她一直非常愛戴維。

不過我們全家都明白一件很重要的事——

戴維是我們的寶貝。

當我們難過時，他逗我們開心。
當我們擔憂時，他鼓勵我們。
當我們絕望時，他擁抱我們。
他每天都讓我們知道他有多麼愛我們。

「媽媽，」一天我在做午餐的時候，驚喜地聽到戴維對我說，

「謝謝你生了我，謝謝你愛我。」

我回頭抱着我的兒子，對他說：「戴維，謝謝你做我的兒子。」

雖然表面看來他似乎在拖累着我們，
但是因為他，
才讓我們一家人更加親密和團結；
讓我們變得更加堅強
和更加愛護彼此。

最重要的是

我們擁有戴維，
一個有唐氏綜合症的孩子。

導讀：一個關於唐氏綜合症孩子的故事

　　這是一本特別的圖畫書。作者以簡明淺白的手法說故事，嘗試拉近讀者，不論小孩或大人，與一個特殊的孩子——患有唐氏綜合症的小孩——之間的距離，提醒我們孩子就是孩子，無論他是否患有唐氏綜合症，他仍然是一個孩子。只是，患有唐氏綜合症的孩子的生活需要、情感表達等都與其他小孩有所不同，若我們對這疾病有更多的認識，就能更理解他們。而且成年人若在幼年或青少年時期得到適當的資訊，甚至有與患有唐氏綜合症（或其他精神障礙）的孩子相處的親身經驗，便越能輕鬆自如地跟他們溝通。這樣以後在遇到患有唐氏綜合症的小孩和大人時，就會少一分猶豫，多一分接納。

　　這本圖畫書能夠幫助我們排除對唐氏綜合症患者的成見。它讓我們看見這樣的孩子所生長的家庭，及其成員彼此之間的關係。故事中的家庭坦然接受患有唐氏綜合症的孩子，並且因為這個小孩而令整個家庭變得更親密。通過故事，我們還能看到這些不一樣的家庭在人生路上需要面對何種問題和困難，及如何掙扎求存。

期望這一本嘗試幫助大眾增加對唐氏綜合症患兒的認識和糾正錯誤觀念的圖畫書，可以擁有一個廣大的讀者羣，能夠激發大家抱着更理解和開放的態度，去接納不同類型的人。

兒童生命教育圖畫書

特別的你 · 特別愛你 ④

最美麗的寶貝
—— 一個唐氏綜合症孩子的故事

作　　者：Helena Kraljič
畫　　家：Maja Lubi
中文翻譯：潘心慧
責任編輯：劉慧燕
美術設計：何宙樺
出　　版：新雅文化事業有限公司
　　　　　香港英皇道 499 號北角工業大廈 18 樓
　　　　　電話：(852) 2138 7998
　　　　　傳真：(852) 2597 4003
　　　　　網址：http://www.sunya.com.hk
　　　　　電郵：marketing@sunya.com.hk
發　　行：香港聯合書刊物流有限公司
　　　　　香港新界大埔汀麗路 36 號中華商務印刷大廈 3 字樓
　　　　　電話：(852) 2150 2100
　　　　　傳真：(852) 2407 3062
　　　　　電郵：info@suplogistics.com.hk
印　　刷：中華商務彩色印刷有限公司
　　　　　香港新界大埔汀麗路 36 號
版　　次：二〇一五年二月初版
　　　　　10 9 8 7 6 5 4 3 2 1
版權所有 · 不准翻印

ISBN: 978-962-08-6239-7
Original title: "Imam downov sindrom"
First published in Slovenia 2013 © Morfem publishing house
Chinese Translation © 2015 Sun Ya Publications (HK) Ltd.
18/F, North Point Industrial Building, 499 King's Road, Hong Kong
Published and printed in Hong Kong.

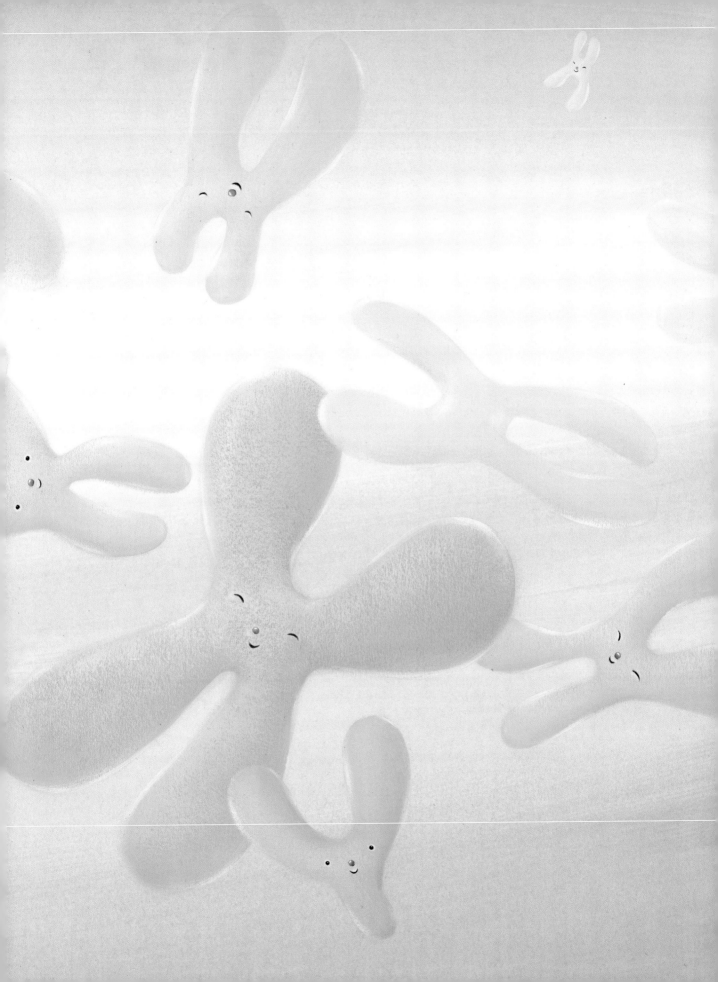